Mes recettes sauvages

FEUILLES - FLEURS - FRUITS

Nuria Pastor Martinez

LES CUISINIÈRES

La nature offre des milliers de plantes comestibles.
Pourtant, depuis le siècle dernier, nous ne consommons pas plus d'une centaine de variétés, toutes cultivées. Or, beaucoup de plantes sauvages présentent un grand intérêt gustatif, nutritif et même thérapeutique.
Elles nous permettent de varier notre alimentation, de découvrir de nouvelles saveurs et de consommer des aliments qui sont souvent bien plus concentrés en éléments nutritifs (vitamines, protéines, minéraux, ...) que les plantes cultivées.

Cueillir les plantes sauvages, c'est apprendre à regarder, à découvrir la nature en la parcourant en tous sens, à repérer les espèces comestibles et identifier celles qui ne le sont pas. C'est également renouer avec des pratiques et des connaissances ancestrales, faire un petit pas vers l'autonomie et la résistance à une agriculture industrielle non respectueuse de l'environnement. C'est enfin un remède anti-crise, une façon de bien se nourrir avec des produits gratuits.

Vous n'avez pas la main verte, pas le temps de cultiver vos fruits et légumes ni la chance de pouvoir disposer d'un potager ? La nature, ce grand jardin rempli de plantes à découvrir, à admirer et à déguster, fait le travail pour vous. Il vous suffira d'aller les récolter et de vous laisser captiver par des textures, des couleurs et des odeurs nouvelles. Les marchés bio regorgent également de ces plantes naturelles, osez les découvrir !

Ce carnet n'est pas un guide complet des plantes sauvages comestibles mais plutôt une introduction aux espèces les plus faciles à trouver, à identifier et à cuisiner, même sans disposer de connaissances en botanique.

Etonnez vos papilles et celles de vos convives avec ces "recettes sauvages".

Bonne cueillette et... bonne cuisine !

Nuria Pastor Martinez

Pour une promenade gourmande dans la nature, je vous invite à respecter certaines précautions et quelques règles de cueillette :

- Ramassez uniquement les plantes, fruits et champignons que vous êtes capables d'identifier sans erreur. Certaines plantes comestibles peuvent ressembler à d'autres qui sont toxiques. En cas de doute il est préférable de s'abstenir. Vous pouvez faire identifier votre récolte dans une pharmacie.
- Même sans la présence de clôture, vous pouvez vous trouver dans une forêt ou une prairie privée ou communale. Renseignez-vous sur la propriété des lieux avant toute récolte.
- Cueillez avec modération et sans mettre en péril la survie des plantes : ne récoltez pas toutes les feuilles, la plante ne pourra plus continuer le processus de photosynthèse et risque de mourir. Ne récoltez pas toutes les fleurs ou fruits : sans eux, la plante ne pourra plus se reproduire. Laissez toujours sur place au moins un tiers des individus.
- Il est déconseillé de cueillir les plantes sur les bords des routes et des exploitations agricoles car elles risquent d'être polluées. Evitez également celles qui se trouvent sur les chemins très fréquentés car elles peuvent être souillées. Dans tous les cas, lavez dans plusieurs eaux vinaigrées les plantes récoltées à proximité du sol.
- D'une façon générale : cueillez plutôt les plantes jeunes, elles seront plus tendres et plus concentrées en nutriments, les fleurs au début de leur épanouissement (elles ne doivent pas être humides) et les fruits à maturité. Pour les feuilles en rosette (pissenlit, primevère, pâquerette), celles situées au centre sont les plus tendres. Récoltez uniquement les quatre feuilles du sommet de l'ortie, de préférence avant la floraison de la plante.
- La période de récolte est souvent assez éphémère. Pensez aux différentes méthodes de conservation pour en profiter toute l'année : en confiture et sirop, au vinaigre, dans l'alcool ou à l'huile, après séchage ou par congélation.
- Les périodes de récolte peuvent varier d'une région à une autre ou connaître des décalages du fait des conditions climatiques. Les mois indiqués dans ce livre sont donc donnés à titre indicatif.

HERBIER GOURMAND

Acacia

Robinia pseudoacacia

Habitat : friches, bois clairs, berges de rivières, bord de chemins.

Caractéristiques : grand arbre aux branches épineuses produisant des fleurs blanches, très parfumées, réunies en grappes pendantes.

Parties comestibles : fleurs de préférence cuites (elles peuvent se consommer crues mais avec modération).

Période de récolte : fin avril-juin.

Commentaires : risque faible de confusion avec les cytises (fleurs jaune) qui sont toxiques. On nomme « acacia » cet arbre qui est en fait un robinier, l'espèce Acacia étant nommée familièrement Mimosa.

Recette : p. 33, 35, 39

Ail des ours

Allium ursinum

Habitat : sous-bois frais et ombragés, bords de ruisseaux.

Caractéristiques : plante herbacée, souvent présente en grandes colonies, dotée de tiges triangulaires portant un ensemble de fleurs blanches en forme d'étoile.

Parties comestibles : bulbes, feuilles, fleurs.

Propriétés : riche en vitamine C, plante dépurative.

Période de récolte : février-mars pour les feuilles (de préférence avant la floraison, elles auront un goût d'ail plus prononcé) ; avril à juin pour les fleurs ; automne pour les bulbes.

Commentaires : risque de confusion avec les feuilles du muguet ou de colchique (toxiques). Les feuilles de l'ail des ours sont plus fines et moins coriaces. La forte odeur d'ail qu'elles dégagent lorsqu'on les froisse permet de lever toute ambigüité.

Recettes : p. 1, 2, 5, 11, 14, 15, 20

Airelle ou Myrtille

Vaccinium

Habitat : montagne jusqu'à 2 500 m d'altitude, forêts de conifères, bois clairs.

Caractéristiques : sous-arbrisseaux montagnards (20-50 cm de haut) doté de petites fleurs en forme de clochette de couleur rosâtre ou verdâtre.

Parties comestibles : fruits dont le nom varie selon les variétés : myrtilles (bleues et plutôt sucrées) ou airelles (rouges et acidulées).

Propriétés : c'est l'un des fruits les plus riches en antioxydants ; riche en vitamines.

Période de récolte : de juillet à septembre.

Commentaires : le nom désigne la plante et les fruits.

Recettes : p. 38, 42, 44

Bourrache

Borago officinalis

Habitat : lieux cultivés, terrains vagues, ruines ensoleillées, bords de chemins.

Caractéristiques : plante herbacée d'environ 20-70 cm doté de poils raides et de fleurs bleues (rarement rose ou blanche) en forme d'étoile tournées vers le sol.

Parties comestibles : feuilles, fleurs.

Propriétés : riche en mucilage (favorisant le transit intestinal), plante diurétique et dépurative.

Période de récolte : feuilles de mars aux gelées ; fleurs d'avril à août.

Commentaires : lorsqu'on froisse les feuilles, elles dégagent une odeur de concombre alors que les fleurs ont un goût iodé d'huître.

Recettes : p. 19, 20, 22

Champignon des bois

Habitat : bois, prairies, troncs d'arbres,...

Caractéristiques : le terme de champignon regroupe de nombreuses variétés très différentes (comestibles ou toxiques).

Propriétés : aliment complet constitué de minéraux, hydrates de carbone, protéines et vitamines. Il est peu calorique car constitué essentiellement d'eau.

Période de récolte : toute l'année, en fonction des espèces, avec un pic à l'automne, époque où certaines espèces poussent plus abondamment.

Commentaires : si besoin, faites identifier votre récolte dans une pharmacie.

Recettes : p. 46, 48

Châtaigner

Castanea sativa

Habitat : forêt.

Caractéristiques : grand arbre pouvant atteindre 30 m de hauteur dont les fruits sont réunis par deux ou trois dans une bogue (enveloppe ronde garnie de piquants s'ouvrant à maturité).

Parties comestibles : fruits (châtaignes).

Propriétés : riche en glucides, vitamines B et C et sels minéraux.

Période de récolte : septembre-octobre, dès que les bogues tombent car les châtaignes sont très prisées des animaux.

Commentaires : on emploie souvent le terme de « marron » pour désigner les châtaignes ; à ne pas confondre avec le marron d'Inde, graine du marronnier (toxique).

Recettes : p. 46, 50, 53, 54, 55, 57

Chêne

Quercus

Habitat : forêt

Caractéristiques : nom vernaculaire de nombreuses espèces ; ses fruits sont de loin les plus abondants de nos forêts.

Parties comestibles : fruits (glands).

Propriétés : riche en amidons et en tanins (astringent). Pour enlever ces derniers, il faut faire tremper les glands plusieurs jours avant de les consommer, en changeant l'eau quotidiennement, jusqu'à suppression de l'amertume.

Période de récolte : de fin septembre à octobre.

Recettes : p. 51, 56

Consoude

Symphytum officinale

Habitat : lieux humides, bords de chemins, talus.

Caractéristiques : plante herbacée poussant en grandes touffes, d'une hauteur variant de 30 à 130 cm. Ses feuilles sont velues et rêches au toucher et ses fleurs sont en forme de petites clochettes allongées (roses, violettes ou jaunes).

Parties comestibles : feuilles (au goût de poisson).

Propriétés : riche en mucilages et minéraux (calcium, potassium, phosphore, fer et silice).

Période de récolte : de mars aux gelées.

Commentaires : son nom en français provient de sa capacité à accélérer la consolidation des fractures.

Recettes : p. 20, 22

Eglantier

Rosa canina

Habitat : haies, bois, friches, bordures de chemins.

Caractéristiques : arbuste épineux pouvant atteindre 2 à 3 m de haut. C'est un rosier sauvage aux fleurs rose clair.

Parties comestibles : les pétales des fleurs ; les faux-fruits (appelés cynorhodons ou gratte-culs) de 15-25 mm de long et de couleur rouge orangé à maturité.

Propriétés : les cynorhodons sont un concentré de vitamine C ; ils sont toniques et dépuratifs.

Période de récolte : avril-juillet pour les pétales ; l'hiver pour les cynorhodons (de préférence lorsqu'ils sont blets, après les premières gelées).

Commentaires : les cynorhodons contiennent, à l'intérieur, des poils à gratter irritants au contact de la peau. Le moyen le plus rapide pour les enlever et ne conserver que la pulpe consiste à les tamiser ou les passer au moulin à légumes après cuisson. Les faux-fruits des autres variétés de rosiers sont également comestibles ; ils diffèrent par leur goût et leur taille.

Recette : p. 58

Lavande

Lavandula

Habitat : terrains secs et ensoleillés.

Caractéristiques : arbrisseaux à fleurs mauves ou violettes, très odorantes, disposées en épis.

Parties comestibles : fleurs infusées.

Propriétés : la lavande officinale a de nombreuses propriétés médicinales (antispasmodiques, sédatives, diurétiques, antiseptique,...).

Période de récolte : juillet-aout.

Recette : p. 33, 39

Menthe

Mentha

Habitat : terrains herbacés humides, de préférence à la mi-ombre.

Caractéristiques : plante herbacée, comprenant de nombreuses espèces, caractérisée par la forte odeur de ses feuilles.

Parties comestibles : feuilles.

Propriétés : contient du menthol, des vitamines et des sels minéraux. Elle est tonique, stimulante, digestive.

Période de récolte : de mars aux gelées.

Recette : p. 28

Noisetier

Corylus avellana

Habitat : forêts et sous-bois bien éclairés, bords de chemins et de rivières.

Caractéristiques : arbustes composés d'un faisceau de branches partant du sol, de 2 à 5 m de hauteur.

Parties comestibles : fruits (noisettes).

Propriétés : riche en protéines et en oméga 3 (contre le mauvais cholestérol), source également de vitamines et minéraux.

Période de récolte : août-septembre.

Recettes : p. 30, 41, 47

Noyer

Juglans regia

Habitat : clairières, bords de chemins forestiers.

Caractéristiques : arbre pouvant atteindre 20 m de hauteur. Les noix sont entourées d'une chair verte (le brou) qui brunit et se détache au moment de la récolte.

Parties comestibles : feuilles macérées ; fruits (noix).

Propriétés : riches en lipides, omega-3, les fruits contiennent aussi des protéines, vitamines et sels minéraux.

Période de récolte : fruits verts en juin ; noix en octobre-novembre.

Recettes : p. 31, 32, 47

Ortie

Urtica

Habitat : friches, pelouses, prairies, bordures de forêt.

Caractéristiques : plantes herbacée de 60 à 150 cm de hauteur dotées de poils raides urticants et de petites fleurs de couleur verte, réunies en grappes.

Parties comestibles : fleurs ; feuilles, de préférence les sommités (les 4 dernières feuilles) avant floraison, au goût plus délicat.

Propriétés : très riche en protéines ; contient aussi des vitamines A et C et des sels minéraux. Reconnue comme l'une des plantes médicinales le plus utiles et efficaces (tonique, dépurative, diurétique, anti-inflammatoire).

Période de récolte : de février aux gelées.

Commentaires : les feuilles sèches, hachées ou cuites perdent leur pouvoir urticant. Risque de confusion avec le lamier blanc (également comestible) qui ne pique pas au toucher et qui a des fleurs blanches.

Recettes : p. 18, 21, 23, 26, 29, 31

Pâquerette

Bellis Perennis

Habitat : prés, pelouses, bords de chemins, zones d'herbe rase.

Caractéristiques : plante herbacée haute de 10 à 20 cm avec des feuilles en rosette. Sa « fleur », ressemblant à une petite marguerite, est en réalité une multitude de minuscules fleurs agglutinées.

Parties comestibles : fleurs ; feuilles (plus tendres avant la fleuraison).

Propriétés : riche en mucilages, vitamine C et carotène

Période de récolte : de février aux gelées, avec un pic de floraison à Pâques - d'où son nom en français.

Commentaires : les fleurs se ferment la nuit ou à la lumière artificielle ; il suffit de les remettre au soleil pour qu'elles s'ouvrent à nouveau. Sa « grande sœur », la marguerite, est également comestible.

Recettes : p. 1, 3, 8, 15

Pêcher

Prunus persica

Habitat : prés ensoleillés.

Caractéristiques : petit arbre fruitier d'environ 5 m de hauteur, comportant de nombreuses variétés.

Parties comestibles : feuilles macérées ; fruits

Propriétés : les feuilles sont sédatives. Les fruits sont riches en vitamines B et C et en carotène ; ils ont des propriétés dépuratives.

Période de récolte : juillet-septembre.

Recettes : p. 33, 49

Pissenlit

Taraxacum officinale

Habitat : pelouses, prés, bords de chemins.

Caractéristiques : plante herbacée aux feuilles dentées (d'où l'un de ses noms français, « dents de lion ») et disposées en rosette. La tige florale, qui produit un latex blanc lorsqu'on la coupe, porte une « fleur » jaune vif (il s'agit en réalité d'une inflorescence réunissant de minuscules fleurs).

Parties comestibles : racines ; feuilles ; fleurs.

Propriétés : les feuilles sont très riches en vitamine C, beta-carotène et sels minéraux. Réputée pour ses vertus diurétiques et dépuratives.

Période de récolte : de février aux gelées.

Commentaires : préférez les feuilles tendres du centre de la rosette pour les manger crues, privilégiez la cuisson pour les autres. Elles peuvent être plus ou moins amères selon la plante et la saison.

Recettes : p. 1, 4, 6, 10, 13, 15, 17, 20, 47

Primevère officinale (coucou)

Primula veris

Habitat : prés, talus, bois clairs.

Caractéristiques : plante herbacée dotée de feuilles ovales en rosette et de hampes florales (pétales jaunes avec des taches orange à leur base).

Parties comestibles : feuilles ; fleurs.

Propriétés : les fleurs sont adoucissantes et calmantes ; les feuilles contiennent de la vitamine C et des sels minéraux.

Période de récolte : février-mai.

Commentaires : préférez les feuilles tendres du centre de la rosette pour les manger crues, privilégiez la cuisson pour les autres.

Recettes : p. 1, 6, 12, 13, 17

Renouée du Japon

Fallopia japonica

Habitat : bords des rivières, terrains abandonnés.

Caractéristiques : plante herbacée très vigoureuse et envahissante. Ses tiges creuses érigées, rougeâtres, semblables à des cannes de bambou, peuvent atteindre 3 m.

Parties comestibles : racines ; jeunes pousses.

Période de récolte : fin février-début avril.

Propriétés : plante antioxydante, elle contient des vitamines et de l'acide oxalique qui lui confère son goût acidulé proche de celui de sa cousine la rhubarbe.

Commentaires : les jeunes pousses ne sont pas forcément de petite taille car cette plante peut pousser de plus de 10 cm par jour. Les cannes sont tendres tant qu'elles n'offrent pas de résistance à la lame d'un couteau. Ensuite, elles restent comestibles mais deviennent trop fibreuses.

Recettes : p. 24, 25, 30

Ronce

Rubus

Habitat : lisières, sous-bois, haies, terrains vagues.

Caractéristiques : arbuste doté de tiges épineuses de plusieurs mètres de long (dressées ou rampantes) et de fleurs blanches ou roses.

Parties comestibles : les feuilles en décoction ; les pétales des fleurs ; les fruits (mûres).

Propriétés : les feuilles sont riches en vitamine C et tanins astringents (préconisés en cas de diarrhées et maux de gorge) ; les fruits sont riches en vitamine A, B et C, et en sels minéraux.

Période de récolte : août-octobre.

Commentaires : les framboises, sauvages ou cultivées, sont des variétés de *Rubus*. Leur utilisation étant très proche des mûres, les recettes sont proposées pour l'un ou l'autre de ces fruits.

Recettes : p. 36, 37, 44

Sureau noir

Sambucus nigra

Habitat : bois clairs, haies, terrains vagues, bords des ruisseaux, friches.

Caractéristiques : arbuste de 4-8 m de hauteur doté de petites fleurs blanches réunies en ombelles, très odorantes.

Parties comestibles : fleurs ; fruits uniquement cuits (baies noires violacées de 6-8 mm, disposées en grappes tournées vers le sol).

Propriétés : les fruits contiennent des vitamines A, B et C ; les fleurs sont diurétiques et expectorantes.

Période de récolte : mai-juin pour les fleurs ; aout-septembre pour les baies.

Commentaires : peut être confondu avec le Sureau hièble (toxique) qui est plutôt une herbe de 1,5 m de hauteur mais fleurissant plus tard (juillet-aout) et dont les fruits sont orientés vers le haut.

Recettes : p. 24, 33, 35, 39, 40

Table des recettes

Entrées

Plats et accompagnements

Desserts

Boissons

Conserves, confitures et condiments

1

Rouleaux de printemps fleuris

RÉCOLTE
DE FÉVRIER À AVRIL

Pour 4 personnes :

* 8 galettes de riz
* 30 g de vermicelles de riz
* 85 g de carottes
* 16 feuilles d'ail des ours
* 1 bol de fleurs fraîchement cueillies (pâquerettes, pissenlits, ail des ours, violettes, pensées sauvages, coucous,...)
* Sauce pour nems

Ramassez des fleurs propres et en bon état afin de ne pas avoir à les laver et de conserver ainsi tout leur arôme.

Lavez les feuilles d'ail des ours à l'eau vinaigrée. Pelez les carottes et coupez-les en julienne. Trempez les vermicelles de riz quelques minutes dans l'eau bouillante et égouttez-les. Réhydratez une galette de riz en la trempant quelques secondes dans l'eau tiède. Posez-la sur un torchon. Sur la partie inférieure de la galette, disposez quelques fleurs entières, tête en bas, et quelques pétales. Couvrez avec deux feuilles d'ail des ours, des carottes et des vermicelles. Finissez avec des fleurs entières placées tête en haut et des pétales. Repliez les côtés latéraux sur la garniture, puis formez un rouleau en tassant légèrement. Procédez de la même façon pour les autres rouleaux. Servez froid avec une sauce pour nems.

RÉCOLTE DE FÉVRIER À MARS

Pesto à l'ail des ours

Pour un petit pot de 15 cl : 30 g de feuilles d'ail des ours 20 g d'amandes entières sans peau 1 cl d'eau 10 cl d'huile d'olive 3 pincées de sel 15 g de parmesan (facultatif)

Lavez l'ail des ours dans de l'eau vinaigrée.
Dans une poêle, grillez à sec les amandes. Elles doivent changer légèrement de couleur sans brunir.
Broyez finement les amandes. Mixez l'ail des ours avec un peu d'eau jusqu'à obtenir une pâte homogène. Versez-la dans un pot avec le sel, le parmesan et les amandes. Mélangez et incorporez peu à peu l'huile jusqu'à obtenir la consistance souhaitée. Tassez la préparation pour supprimer les bulles d'air et recouvrez d'1 cm d'huile d'olive. Réservez une journée au réfrigérateur avant de déguster sur de fines tranches de pain par exemple.

La couche supérieure d'huile sert à isoler le pesto de l'air. Il peut ainsi se conserver plusieurs semaines au réfrigérateur. Pour une conservation plus longue, congelez-le en petites quantités dans un bac à glaçons.

Velouté de pâquerettes

RÉCOLTE
DE FÉVRIER AUX GELÉES

Pour 4 personnes :
- 300 g d'oignons
- 150 g de pommes de terre
- 3 c. à soupe d'huile d'olive
- 1,2 l de bouillon de légumes
- 25 cl de crème fraîche liquide
- 65 g de fleurs de pâquerette sans leur tige
- 10 g de feuilles de pâquerette (facultatif)
- Sel et poivre

Dans une casserole, faites revenir à feu doux les oignons émincés dans l'huile d'olive. Lorsqu'ils deviennent translucides, ajoutez les pommes de terre pelées et coupées en petits dés ainsi que les feuilles de pâquerette lavées. Ajoutez le bouillon de légumes et laissez mijoter à couvert pendant 15 minutes jusqu'à ce que les pommes de terre soient tendres. Incorporez les fleurs lavées, sauf une douzaine que vous réserverez pour la décoration. Prolongez la cuisson pendant 2 minutes. Mixez le velouté, salez, poivrez et ajoutez la crème. Remettez la casserole à feu doux pendant 5 minutes. Servez chaud décoré de quelques fleurs.

Chez certaines personnes, les feuilles de pâquerette crues peuvent irriter la gorge. Cet effet disparait normalement à la cuisson. Lors de votre premier essai, n'intégrez qu'un nombre limité de feuilles.

Pissenlits à la lyonnaise

Préparez une vinaigrette en mélangeant la moutarde, le poivre et le vinaigre. Incorporez petit à petit l'huile. Lavez les pissenlits à l'eau vinaigrée et essorez-les. Dans une poêle, faites dorer les lardons. Sortez-les à l'écumoire et réservez-les. Faites griller le pain coupé en petits morceaux dans la graisse des lardons.
Dans une casserole, portez un litre d'eau à ébullition. Ajoutez le vinaigre blanc et baissez le feu pour obtenir un bouillonnement léger. Produisez un tourbillon à l'aide d'une cuillère et versez délicatement un oeuf préalablement cassé dans un bol. Laissez cuire pendant 1 à 2 minutes pour que le jaune reste coulant. Sortez l'œuf et déposez-le dans une assiette recouverte de papier absorbant. Procédez ainsi pour chaque oeuf.
Répartissez les pissenlits dans 4 assiettes, arrosez-les d'un peu de vinaigrette, ajoutez les lardons et les croûtons puis déposez un oeuf poché encore tiède au centre. Servez aussitôt.

Pour 4 personnes :
- 425 g de jeunes feuilles de pissenlit
- 200 g de lardons fumés
- 2 tranches de pain sec
- 4 œufs
- 10 cl de vinaigre d'alcool blanc

Pour la vinaigrette :
- 1 c. à café de moutarde
- Poivre
- 2 c. à soupe de vinaigre de vin
- 4 c. à soupe d'huile de tournesol

Choux à l'ail des ours

Pour 50 petits choux :
- 25 cl d'eau
- 75 g de beurre
- 4 pincées de sel
- 150 g de farine de blé
- 4 œufs
- 120 g de parmesan
- 70 g de ricotta
- 40 g de pesto à l'ail des ours (voir p. 2)

RÉCOLTE DE FÉVRIER À MARS

Dans une casserole, portez l'eau, le beurre et le sel à ébullition. Hors du feu, incorporez la farine et mélangez immédiatement. Remettez la casserole sur le feu pour assécher la pâte tout en tournant énergiquement afin d'obtenir un mélange lisse et homogène qui ne doit pas accrocher. Laissez tiédir la pâte puis ajoutez les œufs entiers, un par un. Chaque œuf doit être parfaitement mélangé avant d'ajouter le suivant. Incorporez le parmesan fraîchement râpé.

Préchauffez le four à 200°C. Versez la pâte dans une poche à douille. Sur une plaque recouverte de papier sulfurisé dressez de petites boules de pâte, en les espaçant pour qu'elles ne collent pas à la cuisson. Mettez au four pendant 20-25 minutes. Quand les choux commencent à dorer, sortez-les du four et laissez-les refroidir.

Dans un bol, mélangez le pesto avec la ricotta. Utilisez cette farce pour remplir les choux juste avant de les servir.

Banitza bulgare revisitée pissenlits-primevères

RÉCOLTE DE FÉVRIER À MAI

Pour 4 personnes :
- 100 g de feuilles de pissenlit
- 60 g de feuilles de primevère
- 2 c. à soupe d'huile d'olive
- 3 œufs
- 1 yaourt nature
- 200 g de feta
- 160 g de pâte filo (environ 8 feuilles)
- 25 g de beurre
- 1 pincée de piment
- Sel et poivre

Lavez les feuilles de pissenlit et de primevère dans l'eau vinaigrée. Coupez-les grossièrement. Dans une sauteuse, faites-les revenir, à feu doux, dans l'huile, pendant 10-15 minutes.
Dans un saladier, battez les œufs puis mélangez avec le yaourt, le poivre et le piment. Incorporez la féta émiettée et les feuilles cuites. Vérifiez l'assaisonnement. Beurrez et farinez un petit plat à tarte. Préchauffez le four à 190°C. Prenez deux feuilles de filo superposées, badigeonnez-les légèrement de beurre fondu avec un pinceau. Déposez

7

l'équivalent de 3 cuillères à soupe de préparation en petits tas répartis de manière régulière sur toute la surface de la feuille.
Avant qu'elles ne ramollissent, enroulez rapidement les feuilles sur le côté le plus large. Procédez ainsi avec les feuilles restantes. Disposez les rouleaux les uns après les autres dans le plat en formant une spirale depuis l'extérieur vers le centre. Badigeonnez la surface avec le beurre restant. Enfournez pendant 20 à 25 minutes.
Dégustez dès la sortie du four avec une salade.

La banitza est un plat traditionnel bulgare, très souvent servi au petit déjeuner, composé d'œufs et de feta roulés dans de la pâte filo. De nombreuses variations sont possibles avec d'autres ingrédients à servir en apéritif ou en entrée.

Cake aux pâquerettes lardons et beaufort

POUR 6 PERSONNES :

- 55 G DE FLEURS DE PÂQUERETTE SANS LEUR TIGE
- 3 ŒUFS
- 100 G DE LARDONS
- 100 G DE FARINE DE BLÉ
- 10 G DE LEVURE
- 10 CL DE LAIT
- 4 CL D'HUILE D'OLIVE
- 100 G DE BEAUFORT RÂPÉ
- 8 G DE BEURRE POUR LE MOULE
- SEL ET POIVRE

Cueillez des fleurs de pâquerette propres pour ne pas avoir à les laver et conserver ainsi leur pollen.
Dans une poêle, faites revenir les lardons pendant quelques minutes.
Préchauffez le four à 180°C.
Dans un saladier, fouettez les oeufs. Ajoutez la farine tamisée, la levure et mélangez. Incorporez petit à petit le lait puis l'huile jusqu'à l'obtention d'une pâte homogène.
Ajoutez le beaufort, les pâquerettes et les lardons. Salez, poivrez.
Beurrez et farinez un moule à cake et versez la pâte.
Enfournez pendant 30 à 40 minutes environ. Surveillez la cuisson et sortez le cake dès que la lame d'un couteau ressort propre.
Dégustez chaud ou froid.

RÉCOLTE DE FÉVRIER AUX GELÉES

Miel de pissenlit

RÉCOLTE
DE FÉVRIER À MAI

Pour 4 pots de 25 cl : * 400 g de fleurs de pissenlit * 1,350 kg de sucre * 2 citrons * 1 l d'eau

Récoltez des fleurs de pissenlit épanouies. Sans les laver, coupez-les quelques millimètres au-dessus de la tige afin de supprimer la plus grande partie des sépales verts. N'essayez pas de les enlever complètement : cela ne modifie ni la saveur ni la couleur du miel.
Portez l'eau à ébullition, ajoutez les fleurs et faites mijoter pendant 20 minutes. Laissez ensuite macérer au frais pendant 24 heures.
Le lendemain, filtrez en pressant pour obtenir le maximum de liquide. Ajoutez le sucre et le jus de citron. Faites cuire à petits bouillons environ 45 minutes jusqu'à obtenir la consistance souhaitée.
Versez dans des pots stérilisés, fermez et laissez refroidir à l'envers.

Plus la cuisson sera longue, plus le miel sera sirupeux et pourra remplacer un vrai miel dans la réalisation de glaces et de pâtisseries. Avec une cuisson plus courte il sera plus liquide et idéale pour la préparation des baklavas (p. 47). Dans les deux cas, dilué dans de l'eau, il permet d'obtenir une boisson rafraîchissante.

Pâtes fraîches à l'ail des ours

RÉCOLTE
DE FÉVRIER À MARS

Pour 4 personnes :

- 450 g de farine de blé
- 180 g de feuilles d'ail des ours sans leur tige
- 2 œufs à température ambiante

Lavez les feuilles d'ail des ours dans de l'eau vinaigrée. Essorez-les et séchez-les.
A l'aide d'un robot, mixez 400 g de farine et les feuilles et jusqu'à ce qu'elles soient finement hachées. Ajoutez les œufs et mélangez. Pétrissez ensuite la pâte à la main. Si nécessaire, incorporez petit à petit la farine restante jusqu'à obtenir une pâte lisse et qui ne colle plus.
Emballez la pâte dans un film alimentaire et laissez-la reposer 2 heures au réfrigérateur.
Divisez la pâte en 6 et passez chaque pâton à plusieurs reprises dans le laminoir de la machine à pâtes jusqu'à obtenir l'épaisseur souhaitée. Découpez les pâtes avec le rouleau à tagliatelles. Saupoudrez-les de farine au fur et à mesure pour éviter qu'elles ne se collent entre elles.
Faites cuire les tagliatelles dans un grand volume d'eau bouillante salée pendant 2 minutes.

- *Si vous ne possédez pas de machine, étalez la pâte au rouleau sur un plan de travail enfariné jusqu'à obtenir l'épaisseur souhaitée. Enfarinez et enroulez la pâte sur elle-même. Coupez ensuite des tranches de la largeur des tagliatelles.*
- *Ne salez pas la pâte, elle noircirait. Salez plutôt l'eau de cuisson.*

Riz au lait aux fleurs de coucou

RÉCOLTE DE FÉVRIER À MARS

Pour 4 personnes :

- 1 l de lait entier
- 90 g de sucre
- 1/2 clémentine bio
- 115 g de riz rond
- 30 g de pétales de fleur de primevère officinale (ou fleur de coucou)

Cueillez des fleurs propres pour éviter de les laver. Cela leur ferait perdre une partie du pollen et donc de leur arôme.

Dans une grande casserole, faites bouillir le lait, le sucre et les zestes d'une demi-clémentine. Versez le riz et laissez cuire à feu doux en remuant régulièrement pendant 40 à 45 minutes.

Pendant ce temps, séparez les pétales des fleurs de coucou (primevère officinale) de leur calice vert.

Laissez tiédir le riz à couvert pour lui permettre d'absorber complètement le liquide restant. Incorporez les pétales de fleurs, mélangez et laissez refroidir. Servez tiède ou froid décoré de quelques fleurs de coucou.

RÉCOLTE DE FÉVRIER À MARS

Cake vert au curry et aux raisins secs

POUR 6 PERSONNES : 175 G D'ÉPINARD FRAIS · 175 G DE FEUILLES DE PISSENLIT · 80 G DE FEUILLES DE PRIMEVÈRE · 10 CL D'HUILE DE TOURNESOL · 3 ŒUFS · 150 G DE FARINE DE BLÉ · 10 G DE LEVURE · 12,5 CL DE LAIT · 145 G DE GRUYÈRE RÂPÉ · 20 G DE RAISINS SECS · 2 C. À CAFÉ DE CURRY · 8 G DE BEURRE POUR LE MOULE · SEL ET POIVRE

Lavez les feuilles d'épinard, de pissenlit et de primevère. Ne les essorez pas afin d'assurer une cuisson sans adjonction d'eau, ce qui permettra aux feuilles de mieux conserver leurs propriétés et une belle couleur verte.

Dans une poêle, faites chauffer 2 cuillères à soupe d'huile et faites revenir les feuilles, hachées grossièrement, à feu doux. Préchauffez le four à 180°C.

Dans un saladier, fouettez les oeufs. Mélangez avec la farine tamisée et la levure. Incorporez petit à petit le lait et l'huile restante jusqu'à l'obtention d'une pâte homogène. Ajoutez le gruyère râpé, les raisins secs, le curry et les feuilles cuites. Salez, poivrez.

Beurrez et farinez un moule à cake et versez la pâte. Enfournez pendant 30 à 40 minutes.

Surveillez la cuisson et sortez le cake dès que la lame d'un couteau ressort propre.

Démoulez et servez chaud.

Gratin dauphinois de la famille Ours

RÉCOLTE DE FÉVRIER À MARS

Pour 4 personnes :

- 100 g de feuilles d'ail des ours
- 950 g de pommes de terre
- 50 cl de lait
- 10 cl de crème fraîche liquide
- 10 g de beurre
- 95 g de gruyère râpé
- Sel et poivre

Lavez l'ail des ours dans de l'eau vinaigrée. Epluchez les pommes de terre et coupez-les en tranches de 2-3 mm d'épaisseur.

Dans une casserole, faites cuire les pommes de terre dans le lait pendant 15 minutes à feu doux.

Préchauffez le four à 190°C. Dans un plat à gratin beurré, déposez alternativement une couche de pommes de terre salée et poivrée, une double couche d'ail des ours, un peu de crème et de fromage. Recommencez jusqu'à épuisement des ingrédients en prenant soin de conserver assez de pommes de terre pour la dernière couche. Recouvrez avec le lait de cuisson et la moitié du fromage râpé.

Enfournez pendant 30 à 40 minutes.

RÉCOLTE DE MARS À AVRIL

Pickles de boutons floraux

Cueillez des boutons floraux de pissenlit, d'ail des ours et de pâquerette. Lavez-les délicatement dans de l'eau vinaigrée.
Stérilisez 3 pots et remplissez chacun d'eux d'un type de boutons différent. Répartissez le sel et les aromates dans chaque pot. Dans une casserole, portez le vinaigre, l'eau et le sucre à ébullition. Remplissez les pots jusqu'au bord, fermez et laissez refroidir à l'envers.
Conservez dans un endroit frais et à l'abri de la lumière. Attendez un mois avant de consommer ces boutons comme des cornichons ou des câpres.

Pour 3 pots de 15 cl :

- Boutons floraux de pissenlit, d'ail des ours et de pâquerette
- 3 g de gros sel
- 1 c. à café de graines mélangées (cumin, coriandre, moutarde, poivre)
- 20 cl de vinaigre de vin blanc
- 10 cl d'eau
- 30 g de sucre
- 3 petites branches de thym (facultatif)

Salade de printemps

RÉCOLTE
DE FÉVRIER À MAI

Pour 4 personnes :

- 160 g de mâche
- 60 g de jeunes feuilles de pissenlit
- 80 g de jeunes feuilles de primevère
- 40 fleurs de primevère
- 4 œufs durs
- 1 c. à café de moutarde
- 1 gousse d'ail
- 2 c. à soupe de vinaigre balsamique
- 4 c. à soupe d'huile de noix
- Sel et poivre

Lavez la mâche, les feuilles de pissenlit et de primevère dans de l'eau vinaigrée. Essorez-les.
Préparez une vinaigrette en mélangeant la moutarde, le sel, le poivre et la gousse d'ail pelée et écrasée. Ajoutez le vinaigre et, lorsqu'il est parfaitement mélangé, incorporez petit à petit l'huile de noix.
Répartissez harmonieusement les feuilles sur les assiettes. Déposez un oeuf dur coupé en quatre au centre et parsemez de fleurs de primevère. Ajoutez la vinaigrette et servez aussitôt.

Tortilla aux orties

RÉCOLTE
DE MARS AUX GELÉES

Pour 4 personnes :
- 300 g de jeunes feuilles d'ortie
- 100 g d'oignons
- 400 g de pommes de terre
- 4 œufs • 2 gousses d'ail • Sel
- Huile d'olive

Lavez les orties dans de l'eau vinaigrée. Faites-les cuire à l'eau pendant 8 minutes puis égouttez-les.
Dans une poêle, faites chauffer l'huile en quantité suffisante pour faire frire les légumes. Ajoutez les oignons émincés et les pommes de terre pelées et coupées en tranches fines. Faites-les cuire environ 20 à 30 minutes à feu moyen jusqu'à ce qu'ils soient tendres puis retirez-les à l'aide d'une écumoire. Eliminez l'excédant d'huile. Faites revenir l'ail pelé et haché puis les orties pendant 2 minutes.
Dans un saladier, battez les oeufs. Incorporez les orties, les pommes de terre et les oignons. Salez. Mélangez soigneusement à la fourchette.
Remettez la poêle sur le feu avec un peu d'huile. Versez la préparation et répartissez-la de manière homogène. Faites-la cuire à feu doux pendant 8 à 10 minutes, sans remuer, jusqu'à ce qu'elle ait pris. Posez sur la poêle une assiette dont les bords doivent dépasser et retournez-les. Remettez la poêle vide sur le feu et faites glisser la tortilla pour qu'elle cuise sur l'autre face pendant 5 minutes.
Servez chaud avec une salade.

Samossas à la bourrache et au fromage

RÉCOLTE DE MARS AUX GELÉES

Lavez la bourrache dans de l'eau vinaigrée. Pelez et émincez les oignons et l'ail. Dans une poêle, faites-les revenir dans une cuillère à soupe d'huile. Ajoutez la bourrache ciselé et laissez cuire à feu doux pendant quelques minutes.

Dans un saladier, battez l'œuf en omelette et mélangez avec la bourrache, le fromage, le piment, le sel et le poivre.

Préchauffez le four à 180°C.

Coupez chaque feuille de pâte brick en deux. Ramenez le bout arrondi de chaque demi-feuille près du bord opposé pour obtenir une bande rectangulaire.

Déposez un peu de farce sur une extrémité et pliez à plusieurs reprises pour former un triangle.

Badigeonnez légèrement les deux faces des samossas avec le reste d'huile et déposez-les sur une plaque. Saupoudrez de quelques graines de pavot. Faites dorer pendant 10 minutes, en retournant les samossas à mi-cuisson.

Pour 14 samossas :

- 7 feuilles de pâte brick
- 100 g de feuilles de bourrache
- 60 g d'oignons
- 1 gousse d'ail
- 1 œuf
- 2 c. à soupe d'huile d'olive
- 90 g de fromage à tartiner nature (type St-Môret, Philadelphia)
- 1 pincée de piment de Cayenne (facultatif)
- 1 c. à soupe de graines de pavot
- Sel et poivre

Salade de lentilles aux herbes

RÉCOLTE DE MARS AUX GELÉES

Lavez les lentilles sans les avoir préalablement fait tremper. Dans une casserole, portez à ébullition un grand volume d'eau. Versez les lentilles et les graines de cumin et faites cuire environ 20 minutes. Surveillez la cuisson et égouttez les lentilles dès qu'elles sont tendres mais encore fermes. Laissez tiédir.

Lavez toutes les feuilles dans de l'eau vinaigrée, essorez-les et ciselez-les très finement. Dans un saladier, mélangez la moutarde, le vinaigre et l'huile. Ajoutez les lentilles, les câpres, les herbes et les échalotes pelées et émincées. Salez, poivrez et mélangez. Servez.

Pour 4 personnes :

- 250 g de lentilles vertes
- 2 pincées de graines de cumin
- 30 g de feuilles de pissenlit (ou de plantain)
- 55 g de feuilles de bourrache (ou de consoude)
- 5 g de feuilles d'ail des ours (ou d'alliaire officinale)
- 80 g d'échalotes
- 3 c. à café de câpres ou de pickles floraux (voir p. 15)
- 2 c. à café rases de moutarde
- 2 c. à soupe de vinaigre balsamique
- 4 c. à soupe d'huile d'olive
- Sel et poivre

Cannelloni aux orties

RÉCOLTE
DE MARS AUX GELÉES

Pour 4 personnes :
* 12 rouleaux de pâte à cannelloni
* 100 g de jeunes feuilles d'ortie
* 130 g de ricotta
* 90 g d'oignons
* 1 gousse d'ail
* 2 c. à soupe d'huile d'olive
* 5 g de fécule de maïs
* 70 g de beurre
* 70 g de farine de blé
* 70-80 cl de lait
* Sel et poivre
* 50 g de parmesan râpé

Dans une poêle, faites revenir dans l'huile les oignons et l'ail pelés et finement émincés. Ajoutez l'ortie lavée dans de l'eau vinaigrée, ainsi qu'un petit verre d'eau et faites cuire à feu doux pendant 10 minutes. Incorporez la fécule de maïs délayée dans un fond d'eau et mélangez jusqu'à ce que la préparation épaississe. Hors du feu, mélangez avec la ricotta, le sel et le poivre. Dans une casserole, faites fondre le beurre, ajoutez la farine et mélangez. Versez le lait progressivement, sans cesser de remuer pendant environ 10 minutes jusqu'à obtenir une sauce béchamel pas trop épaisse. Salez, poivrez. Préchauffez le four à 180°C. Huilez un plat à gratin et couvrez le fond avec un peu de béchamel. Déposez les cannelloni remplis avec le mélange ortie-ricotta. Couvrez avec la béchamel restante et saupoudrez de parmesan. Mettez au four pendant environ 30 minutes. Servez rapidement.

Croquettes à la consoude

Pour 6 personnes :

- 130 g de feuilles de consoude (ou bourrache ou pulmonaire)
- 150 g d'oignons
- 90 g de beurre
- 50 g de farine de blé
- 40 cl de lait entier
- Sel et poivre

Pour la panure :

- 1 c. à soupe de farine de blé
- 1 œuf
- 90 g de chapelure
- Huile de friture

RÉCOLTE DE MARS AUX GELÉES

Lavez et coupez finement les feuilles de consoude. Pelez et émincez les oignons, faites-les suer dans le beurre. Ajoutez les feuilles de consoude et laissez cuire 5 minutes jusqu'à ce qu'elles soient tendres et le liquide complètement absorbé. Ajoutez la farine, mélangez pendant 1 à 2 minutes puis incorporez progressivement le lait. Salez, poivrez. Laissez cuire à feu doux pendant 10 minutes. Versez la préparation dans un plat huilé et réservez au réfrigérateur pendant 4 heures. Prélevez l'équivalent d'une grosse noix de pâte et façonnez 24 boulettes. Passez les boulettes une à une dans un bol avec la farine, puis dans un autre avec l'œuf battu et enfin dans un dernier avec la chapelure qui doit recouvrir toute la surface. Mettez-les 1/4 d'heure au congélateur avant de les plonger dans une huile bien chaude pendant 2 à 4 minutes. Sortez-les dès qu'elles sont dorées. Servez rapidement avec une salade verte.

Petits chaussons orties-gorgonzola

RÉCOLTE
DE MARS AUX GELÉES

POUR 4-6 PERSONNES : ❀ 325 G DE JEUNES FEUILLES D'ORTIE ❀ 2 PÂTES FEUILLETÉES ❀ 180 G D'ÉCHALOTES ❀ 2 C. À SOUPE D'HUILE D'OLIVE ❀ 140 G DE GORGONZOLA ❀ SEL ET POIVRE

Lavez les feuilles d'ortie dans une eau vinaigrée puis faites-les blanchir dans l'eau bouillante pendant 2 minutes.
Pelez et émincez les échalotes. Faites-les suer dans une poêle avec un peu d'huile. Lorsqu'elles sont translucides, ajoutez les orties grossièrement hachées et laissez cuire environ 5 minutes jusqu'à ce que le liquide soit absorbé.
Salez, poivrez généreusement. Incorporez le gorgonzola coupé en morceaux et mélangez jusqu'à ce qu'il soit parfaitement fondu.
Découpez 14 cercles dans la pâte feuilletée. Badigeonnez les bords au pinceau avec un peu d'eau salée. Déposez une cuillère à soupe d'orties au centre de chaque chausson. Pliez en demi-cercle et scellez les bords. Réservez au réfrigérateur pendant 15 minutes.
Pendant ce temps, préchauffez le four à 180°C puis enfournez les chaussons pendant 15 à 20 minutes. Servez chaud avec une salade verte.

RÉCOLTE
DE MAI À JUIN

Cheesecake au sureau

Détachez les fleurs de sureau de leurs tiges, sans les laver. Portez la crème à ébullition et, hors du feu, mélangez-la avec les fleurs. Laissez infuser pendant 2 heures.
Broyez grossièrement les petits-beurre et malaxez-les avec le beurre. Répartissez cette préparation au fond d'un petit moule à charnière en tassant bien. Réservez au frais.
Dans un saladier, mélangez les fromages. Ajoutez le sucre et travaillez-les en pommade.
Diluez la moitié de l'agar-agar dans un peu d'eau. Filtrez la crème que vous aviez réservée et portez-la à ébullition. Ajoutez l'agar-agar dilué et laissez cuire quelques instants. Mélangez avec la préparation aux fromages et versez sur les biscuits. Réservez 4 heures au réfrigérateur.
Préparez ensuite la couverture. Diluez le reste de l'agar-agar à un peu de confiture. Dans une casserole, faites chauffer la confiture restante. Ajoutez l'agar-agar dilué, mélangez et portez à nouveau à ébullition pendant quelques secondes. Versez sur le cheesecake et laissez prendre au réfrigérateur pendant 2 heures.

Pour 4 personnes :
- 25 g de fleurs de sureau
- 10 cl de crème fraîche liquide
- 70 g de petits-beurre
- 20 g de beurre
- 130 g de fromage à tartiner (type St Môret ou Philadelphia)
- 160 g de fromage frais en faisselle
- 70 g de sucre
- 4 g d'agar-agar en poudre
- 200 g de confiture de renouée (voir p. 25) ou une confiture de votre choix

Pour un plus bel effet, incorporez dans la couverture une poignée de fleurs de sureau.

25

Renouée du Japon en confiture

RÉCOLTE DE MARS À AVRIL

POUR 3 POTS DE 25 CL :

- 1 KG DE POUSSES DE RENOUÉE DU JAPON
- 750 G DE SUCRE
- 1/2 CITRON

Récoltez des jeunes pousses de renouée du Japon, tendres et, de préférence, avant l'apparition des feuilles. Enlevez les feuilles et, si besoin, pelez les parties filandreuses. Lavez les pousses dans une eau vinaigrée et débitez-les en petits tronçons. Pesez et ajoutez 750 g de sucre pour 1 kg de renouée nettoyée.

Mélangez les ingrédients dans une bassine à confiture. Portez à ébullition et laissez cuire à feu doux pendant environ 20 à 30 minutes. Versez la confiture encore chaude dans des bocaux stérilisés, fermez-les et retournez-les jusqu'à refroidissement.

Si les tiges commencent à être trop filandreuses, passez la préparation dans un moulin à légumes doté d'une grille fine en début de cuisson.

Roulés jambon-orties

RÉCOLTE
DE MARS
AUX GELÉES

Pour 4 personnes :
- 50 g d'échalotes
- 150 g de jeunes feuilles d'ortie
- 130 g d'emmental
- 4 tranches de jambon cuit
- 2 c. à soupe d'huile d'olive
- Sel et poivre

Pour la panure :
- 40 g de chapelure
- 15 g de flocons d'avoine
- 1 c. à soupe de farine de blé
- 1 œuf
- Huile de friture

Dans une poêle, faites revenir les échalotes pelées et émincées finement avec l'huile d'olive. Ajoutez les orties lavées dans l'eau vinaigrée, un petit verre d'eau et faites cuire à feu doux pendant 10 minutes environ. Retirez les orties du feu dès qu'elles sont tendres et que tout le liquide a été absorbé. Salez, poivrez.

Découpez l'emmental en fines lamelles. Sur un plan de travail, déposez une tranche de jambon, couvrez avec des lamelles de fromage. Répartissez ensuite un quart de la préparation aux orties sur le fromage. Enroulez, en serrant bien, sur le côté le plus large et utilisez 2 cure-dents pour maintenir fermé à chaque extrémité. Procédez ainsi pour les 3 autres tranches de jambon.

Préparez trois assiettes pour la panure : une avec la farine, une autre avec l'œuf battu en omelette et la dernière avec la chapelure et les flocons d'avoine mélangés. Passez chaque rouleau dans la farine puis l'œuf et recouvrez parfaitement toute la surface avec la panure.

Faites frire les rouleaux dans une huile bien chaude. Servez aussitôt avec une salade verte.

Spaghetti à la menthe façon Pilar

RÉCOLTE
DE MARS AUX GELÉES

Pour 4 personnes : ✻ 400 g de spaghetti ✻ 50 g de menthe des champs ✻ 30 g d'ail ✻ 6 c. à soupe d'huile d'olive ✻ 40 cl de lait entier ✻ 10 g de fécule de maïs ✻ Parmesan râpé ✻ Sel

Lavez la menthe fraîchement récoltée et détachez les feuilles des tiges. Délayez la fécule dans un petit verre de lait. Mixez la menthe avec le lait restant.

Dans une poêle, faites chauffer l'huile à feu doux. Ajoutez l'ail pelé et haché. Lorsqu'il commence à dorer, ajoutez le lait et la fécule diluée. Laissez mijoter à feu doux jusqu'à obtenir une consistance onctueuse. Salez.

Portez à ébullition une grande quantité d'eau salée puis versez les spaghetti et les branches de menthe. Lorsque les pâtes sont al dente, égouttez-les et enlevez les branches.

Mélangez les spaghetti avec la sauce et servez avec du parmesan râpé.

RÉCOLTE
DE MARS
AUX GELÉES

Ramequins aux orties et au bacon

Pour 4 personnes :

- 330 g de jeunes feuilles d'ortie
- 3 œufs
- 12 cl de crème fraîche liquide
- 6 tranches de bacon
- Sel et poivre

Lavez les orties dans de l'eau vinaigrée. Faites-les cuire à l'eau bouillante pendant 4 minutes. Egouttez-les à l'aide d'une passoire en les pressant avec une cuillère pour enlever l'excédent d'eau.

Dans un saladier, fouettez les oeufs et la crème liquide. Poivrez généreusement. Salez légèrement, le bacon étant normalement très salé. Incorporez les orties cuites et hachées et mélangez soigneusement.

Tapissez la paroi de chaque ramequin avec une tranche de bacon et le fond avec un morceau. Versez la préparation aux orties et parsemez avec le bacon restant coupé en petits morceaux.

Enfournez à 180°C pendant 20 à 25 minutes jusqu'à ce que la préparation ait pris et que le bacon déposé à la surface soit croustillant. Laissez tiédir, démoulez et servez avec une salade verte.

RÉCOLTE
DE MARS À AVRIL

Moelleux à la renouée du Japon

Dans un saladier, battez en pommade le beurre, le sel et le sucre. Ajoutez les oeufs un à un, puis la poudre d'amande, la levure et la farine tamisée. Mélangez soigneusement.
Préchauffez le four à 180°C. Tapissez un moule à manqué de 20 cm de diamètre de papier sulfurisé beurré. Versez la préparation puis lissez la surface avant d'étaler une couche épaisse de confiture de renouée du Japon en veillant à ne pas toucher les bords du moule. Recouvrez avec les noisettes grossièrement concassées.
Enfournez pendant environ 30 à 35 minutes. Laissez refroidir et démoulez.

Pour 6-8 personnes :
- 50 g de farine de blé
- 5 g de levure
- 60 g de sucre
- 110 g de beurre à température ambiante (+ 10 g pour le moule)
- 145 g de poudre d'amande
- 3 œufs
- 1 pincée de sel
- 60 g de noisettes entières
- 425 g de confiture de renouée du Japon (voir p. 25)

RÉCOLTE DE MARS AUX GELÉES

Tarte aux orties fromage de chèvre et noix

Pour 4 personnes :

Pour la pâte brisée :

- 125 g de farine de blé
- 60 g de beurre à température ambiante
- 3 cl d'eau tiède
- Sel

Pour la garniture :

- 180 g de jeunes feuilles d'ortie
- 15 cl de crème fraîche liquide
- 2 œufs
- 140 g de bûche de chèvre
- 65 g de cerneaux de noix
- Sel et poivre

Préparez la pâte : pétrissez du bout des doigts la farine, le sel et le beurre coupé en morceaux jusqu'à obtenir une sorte de sable grossier. Ajoutez l'eau et faites une boule sans trop pétrir.

Lavez les orties dans une eau vinaigrée. Blanchissez-les dans l'eau bouillante pendant 2 minutes.

Egouttez-les dans une passoire en pressant pour enlever l'excédent d'eau.

Préchauffez le four à 180°C. Dans un saladier, fouettez les œufs avec la crème. Salez, poivrez, ajoutez les orties et 90 g de fromage coupé en morceaux. Réservez quatre cerneaux de noix pour la décoration et râpez les autres.

Etalez la pâte dans un petit moule à tarte. Répartissez la garniture et saupoudrez avec les noix râpées. Disposez sur la tarte 4 tranches de fromage recouvertes chacune d'un cerneau de noix. Couvrez la tarte d'un papier sulfurisé et enfournez-la durant 30 à 35 minutes. Retirez le papier 5 minutes avant la fin de la cuisson.

Vin aux noix vertes

Pour 6 litres :
- 40 noix vertes
- 5 l de vin rouge
- 1 l d'eau de vie
- 10 feuilles de noyer
- 1-1,5 kg de sucre selon les goûts

RÉCOLTE
DE JUIN
À JUILLET

Autour de la Saint Jean, le 24 juin, récoltez des noix vertes. Elles doivent pouvoir être transpercées avec une aiguille. Coupez-les en quatre, en vous munissant de gants pour éviter de vous tacher les doigts.
Versez tous les ingrédients dans une bombonne, mélangez et fermez. Laissez reposer pendant 6 semaines.
Passé ce temps, filtrez, mettez en bouteille et oubliez-les pendant 6 mois dans un endroit frais et à l'abri de la lumière.

Vin de noyer

RÉCOLTE
DE JUIN
À JUILLET

Récoltez les feuilles de noyer pendant le mois de juin, lorsqu'elles sont encore vert tendre. Coupez-les en deux.
Mettez tous les ingrédients dans une bombonne, mélangez et laissez infuser 3 semaines. Filtrez puis mettez en bouteille. Conservez dans un endroit frais et attendez un an avant de déguster ce vin qui se bonifie avec le temps.

Pour 5 litres :
- 400 feuilles tendres de noyer
- 4 l de vin blanc
- 1 l d'eau de vie
- 500-800 g de sucre selon les goûts

Flan du pêcher

RÉCOLTE DE JUILLET À SEPTEMBRE

Pour 6 personnes : 40 à 50 feuilles de pêcher · 50 cl de lait · 395 g de lait concentré sucré · 4 œufs · 1 pincée de sel · Caramel liquide

Récoltez de belles feuilles de pêcher non traité chimiquement. Elles ne doivent pas être mouillées au moment de la récolte. Sans les laver, laissez-les macérer dans le lait au réfrigérateur pendant 24 heures.
Le lendemain, portez le lait et les feuilles à ébullition. Retirez du feu et laissez infuser 10 minutes. Filtrez le lait, ajoutez le lait concentré et portez à nouveau à ébullition.
Préchauffez le four à 150°C.
Dans un saladier, battez énergétiquement les oeufs avec le sel. Incorporez petit à petit le lait chaud, sans cesser de remuer. Couvrez le fond d'un moule à flan avec du caramel. Versez-y délicatement la préparation. Recouvrez le moule de papier sulfurisé afin que le flan ne se couvre pas d'une croûte en cuisant.
Enfournez le moule au bain-marie et laissez cuire 40 à 50 minutes jusqu'à ce que la lame d'un couteau ressorte propre. Réservez au réfrigérateur pendant au moins 4 heures avant de démouler et servir.
Ce flan a un délicat goût d'amande de noyau de pêche sans contenir d'amande !

Adaptez cette recette au gré de vos récoltes, en aromatisant le lait de ce flan avec des fleurs d'acacia, de sureau ou de lavande.

Panna cotta aux fleurs d'acacia ou de sureau

Sans les laver, détachez les pétales des fleurs d'acacia ou les fleurs de sureau de leurs tiges. Gardez quelques fleurs pour la décoration.
Dans une casserole, portez 60 cl de crème à ébullition et, hors du feu, mélangez-la avec les fleurs. Laissez infuser 2 heures. Filtrez sur un tamis en pressant avec une cuillère pour récupérer le maximum de liquide. Pesez-le et ajoutez la quantité de crème nécessaire pour atteindre 50 cl.
Mélangez la préparation avec le sucre et portez à ébullition.
Incorporez la gélatine préalablement hydratée dans un peu d'eau. Laissez frémir 30 secondes et versez dans des récipients individuels.
Réservez au réfrigérateur pendant 4 heures.
Au moment de servir, décorez chaque panna cotta de quelques fleurs.

POUR 6 PERSONNES :

- 100 G DE PÉTALES DE FLEURS D'ACACIA OU 50 G DE FLEURS DE SUREAU
- 60-70 CL DE CRÈME FRAÎCHE LIQUIDE
- 90 G DE SUCRE
- 12 G DE GÉLATINE EN POUDRE

RÉCOLTE D'AVRIL À JUIN

Mignardises aux fruits rouges des bois

Pour 35 mignardises : ▸ 90 g de poudre d'amande ▸ 55 g de farine de blé ▸ 150 g de sucre glace ▸ 125 g de beurre (+ 10 g pour les moules) ▸ 4 blancs d'œufs ▸ 1 pincée de sel ▸ 70 mûres ou framboises sauvages

Dans un saladier, mélangez la poudre d'amande, le sucre glace et la farine tamisée. Faites fondre le beurre. Montez les blancs d'œufs en neige avec une pincée de sel. Incorporez le beurre fondu puis, délicatement, les blancs en neige. Préchauffez le four à 170°C.

Beurrez 35 petits moules et déposez en leur centre une mûre ou une framboise. Versez délicatement la pâte. Enfournez pendant 10 à 15 minutes. Sortez les mignardises dès qu'elles commencent à changer de couleur, elles ne doivent pas dorer. Laissez refroidir sur une grille.

Déposez une mûre ou une framboise fraîche au centre de chaque mignardise, dans le creux formé par le fruit cuit, et dégustez.

Réservez les jaunes d'œuf avec lesquels vous pouvez réaliser des crèmes brûlées à la lavande *(voir p. 39).*

RÉCOLTE DE JUILLET À SEPTEMBRE

Mûres sauvage comme chez Mamie

Pour 4 personnes :

* 325-350 g de mûres
* 100 g de sucre
* 4 c. à soupe de jus de citron
* 80 g de farine de blé
* 10 g de fécule de maïs
* 8 g de levure
* 2 pincées de sel
* 80 g de lait
* 30 g de beurre (+ 6 g pour le moule)

Préchauffez le four à 170°C. Beurrez un moule et répartissez les mûres de manière homogène. Saupoudrez de 50 g de sucre et arrosez avec le jus du citron.

Dans un saladier, mélangez la farine tamisée, la fécule, la levure, le sucre restant et le sel. Incorporez le lait et le beurre préalablement fondu jusqu'à obtenir un mélange homogène. Déposez régulièrement des cuillérées de pâte sur les mûres. D'abord séparées, elles se rejoindront pendant la cuisson.

Enfournez pendant 20 à 30 minutes jusqu'à ce que la croûte commence à dorer. Servez chaud ou tiède.

Vous pouvez remplacer les mûres par d'autres fruits rouges sauvages ou par un mélange de fruits des bois.

Risotto salé aux myrtilles

Pelez et émincez les échalotes. Dans une sauteuse, faites-les revenir à feu doux avec 40 g de beurre. Lorsqu'elles deviennent translucides, incorporez 210 g de myrtilles propres. Laissez cuire à feu moyen pendant 10 minutes.
Mixez la préparation et réservez.
Portez le bouillon de légumes à ébullition.
Dans la sauteuse, versez le riz sans le laver et laissez-le cuire à feu doux pendant 2 minutes : il doit devenir translucide et ne pas colorer. Ajoutez le vin rouge et mélangez jusqu'à absorption complète. Incorporez les myrtilles mixées, puis versez peu à peu le bouillon bien chaud en veillant que le riz absorbe le liquide au fur et à mesure. Procédez ainsi jusqu'à ce que le riz devienne al dente, soit pendant environ 15 à 25 minutes selon les variétés de riz.
Hors du feu, salez et poivrez. Incorporez les myrtilles et le beurre restant. Mélangez délicatement et laissez reposer pendant 2 minutes avant de servir.

RÉCOLTE DE JUILLET À SEPTEMBRE

Pour 4 personnes :

- 330 g de riz rond pour risotto
- 2 petites échalotes
- 55 g de beurre
- 250 g de myrtilles
- 15 cl de vin rouge
- 1 l de bouillon de légumes
- Sel et poivre

Crème brûlée à la lavande

Pour 4 personnes :
- 3 c. à café rases de fleurs de lavande sèches
- 40 cl de crème fraîche liquide
- 4 jaunes d'œufs
- 80 g de sucre
- 2 c. à soupe de cassonade

Portez la crème et la lavande à ébullition. Hors du feu, laissez infuser 3 à 6 minutes selon le goût souhaité. La lavande a un arôme très prononcé : ne surdosez pas la quantité ni le temps d'infusion. Préchauffez le four à 90°C. Dans un saladier, mélangez, sans les blanchir, les jaunes d'oeufs et le sucre. Filtrez la crème chaude sur le mélange tout en remuant. Lorsque la préparation est prête, répartissez-la dans 4 récipients à crème brûlée. Laissez-les reposer 15 minutes avant de les enfourner pendant une heure, voire un peu plus : il faut que la crème soit figée mais légèrement tremblotante au centre. Réservez les crèmes au réfrigérateur pendant 4 heures. Avant de servir, saupoudrez-les d'un peu de cassonade que vous faites caraméliser à l'aide d'un chalumeau de cuisine. Vous pouvez aromatiser la crème avec d'autres fleurs de saison comme le sureau, l'acacia, la rose...

Confiture au sureau de Claude

RÉCOLTE D'AOÛT À SEPTEMBRE

Pour 4 pots de 25 cl :
- 1 kg de baies de sureau
- 400 g de sucre
- 1/2 citron

La veille, lavez puis égrainez les grappes de sureau afin d'en recueillir les baies. Dans une bassine à confiture, mélangez les baies et le sucre. Laissez macérer au frais pendant la nuit.
Le lendemain, portez le mélange à ébullition. Laissez refroidir puis passez au moulin à légumes avec une grille fine.
Ajoutez le jus d'un demi-citron au mélange et faites cuire à feu moyen pendant au moins une heure. La confiture est prête lorsque quelques gouttes déposées sur une assiette froide se figent.
Versez la confiture chaude dans des pots stérilisés. Fermez-les et retournez-les jusqu'à refroidissement. Conservez dans un endroit frais et à l'abri de la lumière.

Gateau creusois aux noisettes

RÉCOLTE D'AOÛT À SEPTEMBRE

Pour 8 personnes : ✣ 135 g de noisettes entières décortiquées ✣ 100 g de farine de blé ✣ 200 g de sucre ✣ 150 g de beurre (+ 10 g pour le moule) ✣ 5 blancs d'œufs ✣ 1 pincée de sel

Dans une poêle, à feu doux, faites griller à sec les noisettes pendant quelques minutes jusqu'à ce qu'elles commencent légèrement à brunir. Elles ne doivent pas brûler. Enveloppez-les dans un torchon et frottez-les pour enlever, au moins partiellement, la peau.

Attendez que les noisettes refroidissent et mixez-les jusqu'à obtenir une poudre.

Préchauffez le four à 160°C. Dans un saladier, mélangez le sucre, les noisettes et la farine tamisée. Ajoutez le beurre préalablement fondu. Montez les oeufs en neige avec une pincée de sel et, avec des mouvements enveloppants, incorporez-les au mélange.

Beurrez un moule à manqué et versez la préparation.

Enfournez pendant 20 à 30 minutes. Sortez le gâteau dès que la lame d'un couteau ressort propre et qu'il commence à dorer. Laissez-le refroidir sur une grille. Dégustez à toute heure !

RÉCOLTE DE JUILLET À SEPTEMBRE

Confiture de myrtilles

POUR 4 POTS DE 25 CL : 1 KG DE MYRTILLES 800 G DE SUCRE 1/2 CITRON

Après avoir récolté les myrtilles, triez-les pour enlever feuilles et brindilles. Dans une bassine à confiture, mélangez les fruits et le sucre et laissez macérer pendant 30 minutes. Ajoutez ensuite le jus d'un demi-citron et portez doucement à ébullition en mélangeant régulièrement. Laissez frémir pendant 30 minutes. Arrêtez la cuisson lorsque quelques gouttes de confiture se figent sur une assiette froide. Versez la confiture bouillante dans les pots stérilisés, fermez-les et retournez-les jusqu'à refroidissement complet.

Délices aux myrtilles

RÉCOLTE DE JUILLET À SEPTEMBRE

POUR 10 PERSONNES :

POUR LA BASE :

- 200 G DE FARINE DE BLÉ
- 50 G DE POUDRE D'AMANDE
- 50 G DE SUCRE
- 125 G DE BEURRE À TEMPÉRATURE AMBIANTE
- 1 ŒUF
- 1 PINCÉE DE SEL

POUR LA COUVERTURE :

- 330 G DE CONFITURE DE MYRTILLES (VOIR P. 32)
- 125 G DE BEURRE À TEMPÉRATURE AMBIANTE
- 125 G DE SUCRE
- 130 G DE POUDRE D'AMANDE
- 2 ŒUFS
- 75 G DE FARINE DE BLÉ
- 5 G DE LEVURE
- 25 G D'AMANDES EFFILÉES

Dans un saladier, pétrissez la farine, la poudre d'amande, le sucre, le sel et le beurre coupé en morceaux jusqu'à obtenir la consistance d'un sable grossier. Incorporez l'œuf et malaxez rapidement pour obtenir une pâte homogène et légèrement collante.
Tapissez un moule rectangulaire avec la pâte ainsi obtenue en la répartissant avec les doigts par pressions. Piquez-la avec une fourchette puis laissez-la reposer une heure au réfrigérateur. Faites cuire la pâte au four, préchauffé à 180°C, pendant environ 10 minutes. Elle ne doit pas dorer.
Préparez la couverture. Mélangez en pommade le beurre et le sucre. Ajoutez les œufs un à un, puis la farine tamisée, la levure et la poudre d'amande.
Répartissez la confiture sur la base du gâteau tiédi. Versez-y délicatement la couverture et parsemez d'amandes effilées. Faites cuire au four, préchauffé à 180°C, pendant 25 à 30 minutes jusqu'à ce que le gâteau soit doré et que la lame d'un couteau ressorte propre.

Tiramisu léger aux myrtilles

RÉCOLTE DE JUILLET À SEPTEMBRE

Pour 6 personnes :
- 250 g de mascarpone
- 250 g de yaourt à la grecque
- 100 g de sucre
- 135 g de myrtilles
- 6 biscuits à la cuillère
- 1,5 c. à soupe d'Amaretto
- Cacao non sucré (facultatif)

Déclinez cette recette à l'infini avec d'autres fruits rouges ramassés dans les sous-bois comme les fraises, les framboises, les mûres…

Dans un saladier, mélangez le mascarpone, le yaourt et le sucre.
Dans une assiette, diluez l'Amaretto avec 6 cuillères à soupe d'eau.
Préparez 6 récipients individuels. Dans chacun d'eux, déposez un biscuit préalablement trempé dans l'Amaretto et coupé en morceaux. Recouvrez d'une couche de mélange yaourt-mascarpone, des myrtilles et d'une dernière couche de yaourt-mascarpone.
Réservez au réfrigérateur pendant 6 heures.
Avant de servir, saupoudrez le tiramisu de cacao ou décorez-le avec quelques myrtilles.

Ce tiramisu est tellement gourmand que l'on ne soupçonne pas que les œufs et une partie du mascarpone ont été remplacés par du yaourt. Déclinez cette recette à l'infini avec d'autres fruits rouges ramassés dans les sous-bois comme les fraises, les framboises, les mûres,…

Velouté forestier

Nettoyez soigneusement les champignons et coupez-les en morceaux. Dans une casserole, faites cuire les châtaignes dans une grande quantité d'eau bouillante pendant 15 minutes. Sortez-les au fur et à mesure pour en retirer les deux peaux lorsqu'elles sont chaudes ; tièdes, les peaux s'enlèveront plus difficilement.

Pelez et émincez les oignons. Dans une casserole, faites-les suer dans le beurre. Ajoutez les champignons et laissez-les cuire pendant 5 minutes. Incorporez le bouillon, les châtaignes et le sel.

Laissez cuire à feu doux et à couvert pendant 15 minutes. Mixez et vérifiez l'assaisonnement avant de servir bien chaud.

RÉCOLTE D'AOÛT À NOVEMBRE

POUR 4 PERSONNES :

- 400 G DE CÈPES
- 200 G DE CHÂTAIGNES PELÉES
- 100 G D'OIGNONS
- 40 G DE BEURRE
- 1 L DE BOUILLON DE LÉGUMES
- SEL

Les châtaignes apportent à ce velouté une consistance très crémeuse sans avoir recours à la crème fraîche.

RÉCOLTE D'AOÛT À OCTOBRE

Baklawas aux noix et au miel de pissenlit

Pour 8-10 personnes :

- 190 g de noisettes entières
- 150 g de cerneaux de noix
- 200 g de pâte de filo (environ 12 feuilles)
- 140 g de beurre
- 80 g de sucre
- 15-20 cl de miel de pissenlit (voir p. 10)

Dans une poêle, faites griller légèrement 150 g de noisettes et les noix. Une fois refroidies, concassez-les grossièrement et mélangez-les avec le sucre.

Préchauffez le four à 180 °C. Beurrez un moule rectangulaire. Disposez sur le fond une feuille de pâte filo et, à l'aide d'un pinceau, badigeonnez-la de beurre préalablement fondu. Répétez l'opération avec cinq autres feuilles.

Versez la moitié du mélange de noisettes et noix en le répartissant uniformément. Recouvrez avec une feuille de filo beurrée. Répartissez la seconde moitié du mélange et recouvrez des feuilles filo restantes en badigeonnant chacune d'entre-elles de beurre.

Entaillez profondément la préparation pour former des losanges que vous ornez d'une noisette entière. Couvrez avec du papier sulfurisé et enfournez pendant 20 minutes. Retirez le papier 5 minutes avant la fin du temps de cuisson et laissez dorer. Faites tiédir le miel de pissenlit que vous versez sur les baklawas dès la sortie du four. Si besoin, liquéfiez le miel avec un peu d'eau. Laissez refroidir.

Terrine aux 1000 champignons

POUR 8 PERSONNES :

POUR LA TERRINE :
- 1 KG DE CHAMPIGNONS DES BOIS
- 250 G D'OIGNONS
- 4 C. À SOUPE D'HUILE D'OLIVE
- 6 ŒUFS
- 250 G DE LAIT CONCENTRÉ NON SUCRÉ
- 3 GOUSSES D'AIL
- 1/2 BOUQUET DE PERSIL
- SEL ET POIVRE
- 10 G DE BEURRE
- 1 C. À SOUPE DE CHAPELURE

POUR LA SAUCE :
- 150 G DE CHAMPIGNONS DES BOIS
- 75 G D'OIGNONS
- 1 C. À SOUPE D'HUILE D'OLIVE
- 1 GOUSSE D'AIL
- 20 CL DE CRÈME FRAÎCHE LIQUIDE
- 15 CL DE LAIT CONCENTRÉ NON SUCRÉ
- 1 C. À SOUPE DE PERSIL HACHÉ
- SEL

RÉCOLTE D'AOÛT À NOVEMBRE

Nettoyez soigneusement les champignons et coupez-les en morceaux. Dans une sauteuse, faites revenir les oignons pelés et émincés dans l'huile d'olive. Lorsqu'ils sont translucides, ajoutez l'ail, le persil haché et les champignons. Laissez réduire à feu doux pour éliminer l'excès d'eau. Préchauffez le four à 160°C. Dans un bol, battez les oeufs. Portez le lait concentré à ébullition. Hors du feu, et sans arrêter de remuer, ajoutez les oeufs battus, le sel et le poivre puis les champignons cuits. Chemisez un moule à cake avec le beurre et la chapelure. Versez la préparation et enfournez pendant 30 minutes jusqu'à ce que la lame d'un couteau ressorte propre. Réservez au réfrigérateur pendant 6 heures.

Préparez la sauce. Pelez et émincez les oignons et faites-les revenir dans l'huile d'olive. Ajoutez les champignons, le sel, l'ail et le persil puis la crème et le lait concentré. Laissez mijoter deux minutes puis mixez finement. Nappez la terrine de la sauce au moment de servir.

Dégustez froid ou tiède.

RÉCOLTE
DE JUILLET
À SEPTEMBRE

Vin de pêcher de Mireille

Prélevez 20 belles feuilles de pêcher. Ne les lavez pas. Dans un grand récipient, mélangez le vin, les feuilles de pêcher et le sucre. Laissez macérer pendant 24 heures. Ce temps suffit à donner au vin le goût d'amande des noyaux de pêche. Inutile donc de le laisser macérer plus longtemps. Filtrez la préparation, mettez en bouteille et fermez avec un bouchon en liège. Bien fermé, ce vin se conserve un an, voire plus, dans un endroit frais et sec. Servez bien frais pour l'apéritif.

Pour 1 litre :

- 20 feuilles de pêcher
- 1 bouteille de vin blanc sec
- 75 g de sucre

Le meilleur moment pour récolter les feuilles de pêcher et préparer ce vin se situe entre la mi-juillet et la fin septembre.

Ne récoltez pas de feuilles provenant d'arbres traités chimiquement ni récemment mouillées par la pluie car elles perdent leur arôme.

Confiture de marrons

RÉCOLTE
DE SEPTEMBRE À OCTOBRE

POUR 5 POTS DE 15 CL :
- 1,4 KG DE CHÂTAIGNES
- 850 G DE SUCRE
- 1 GOUSSE DE VANILLE

Dans un autocuiseur, portez un grand volume d'eau à ébullition et faites cuire les châtaignes pendant 25 minutes après le premier sifflement de la soupape. Sortez-les au fur et à mesure pour en retirer les deux peaux lorsqu'elles sont chaudes ; tièdes, les peaux s'enlèveront plus difficilement. Si vous rencontrez des difficultés, coupez les châtaignes en deux et videz-les à l'aide d'une petite cuillère. Pesez les châtaignes pelées. Prévoyez 850 g de sucre pour 1 kg de châtaignes. Dans une casserole, préparez un sirop léger avec le sucre, 40 cl d'eau et la vanille incisée dans le sens de la longueur. Avant que le sirop ne change de couleur, et à feu très doux, incorporez les châtaignes et laissez cuire 15 à 20 minutes en remuant régulièrement. Enlevez la gousse de vanille puis mixez finement. Vérifiez la consistance. Si la confiture est trop épaisse, il est possible d'ajouter un peu d'eau. Versez la confiture dans des pots stérilisés et retournez-les jusqu'à refroidissement. Cette confiture se conserve quelques mois au frais.

Steaks végétariens aux glands

RÉCOLTE
DE SEPTEMBRE À OCTOBRE

Ramassez des glands en bon état. Faites-les griller tels quels 5 minutes dans une poêle puis enlevez les deux peaux. S'ils sont amers, concassez-les grossièrement et faites-les cuire 30 minutes dans un grand volume d'eau. Changez l'eau et laissez-les tremper trois à cinq jours en renouvelant l'eau chaque jour.

Mixez grossièrement les glands, les haricots, le persil, la chapelure, les oignons et l'ail pelés et émincés. Mélangez avec les graines de lin et de sésame. Poivrez et salez. Formez 8 boules et malaxez-les pour qu'elles soient fermes. Aplatissez-les et façonnez des steaks.

Dans une poêle, faites chauffer l'huile et faites cuire les steaks à feu moyen pendant environ 5 minutes de chaque côté. Servez chaud avec un chutney ou une sauce tomate maison.

POUR 4 PERSONNES :

- 250 G DE GLANDS DÉCORTIQUÉS
- 175 G DE HARICOTS BLANCS CUITS
- 225 G D'OIGNONS
- 2 GOUSSES D'AIL
- 2 C. À SOUPE DE PERSIL CISELÉ
- 5 C. À CAFÉ DE GRAINES DE LIN
- 3 C. À CAFÉ DE GRAINES DE SÉSAME
- 3 C. À SOUPE DE CHAPELURE
- 2 C. À SOUPE D'HUILE D'OLIVE
- SEL ET POIVRE

Mijoté végétarien d'automne

RÉCOLTE DE SEPTEMBRE À OCTOBRE

Pour 4 personnes :

- 700 g de châtaignes
- 800 g de potimarron
- 180 g d'oignons
- 3 c. à soupe d'huile d'olive
- 2-3 c. à café de paprika doux
- 40 cl de bouillon de légumes
- 30 cl de crème de riz
- Sel et poivre
- Quelques brins de persil

Entaillez légèrement la première peau des châtaignes. Plongez-les dans une casserole remplie d'eau et portez à ébullition pendant 5 minutes. Sortez les châtaignes une à une pour en retirer les deux peaux tout en essayant de les conserver entières.
Lavez et coupez le potimarron en gros cubes, sans le peler. Pelez et émincez les oignons.
Dans une cocotte, faites revenir les oignons dans l'huile d'olive à feu moyen. Lorsqu'ils sont translucides, faites dorer les châtaignes et le paprika pendant deux minutes. Ajoutez le bouillon de légumes et la crème de riz. Laissez mijoter à feu doux et à couvert pendant 20 à 30 minutes. Salez, poivrez. Incorporez le potimarron et laissez cuire environ 10 minutes jusqu'à ce qu'il soit tendre et que le liquide ait diminué de moitié.
Servez chaud parsemé de persil haché.

Si vous utilisez des châtaignes déjà cuites, incorporez-les en même temps que le potimarron et diminuez de moitié la quantité de bouillon.

Châtaignes à l'Amaretto

POUR 2 POTS DE 15 CL :

- 350 G DE CHÂTAIGNES
- 160 G DE SUCRE
- 6 CL D'AMARETTO
- 1 CL D'ALCOOL POUR FRUITS

RÉCOLTE
DE SEPTEMBR
À OCTOBRE

Entaillez légèrement la première peau des châtaignes. Plongez-les dans une casserole remplie d'eau et portez à ébullition pendant 5 minutes.

Hors du feu, sortez les châtaignes une à une pour en retirer les deux peaux tout en essayant de les garder entières.

Portez 25 cl d'eau à ébullition. Diminuez le feu et faites cuire les châtaignes pendant 15 minutes, en veillant à ce qu'elles ne s'abiment pas. Retirez-les, réservez l'eau de cuisson et passez-les sous l'eau froide.

Dans une casserole, versez le sucre et 15,5 cl d'eau de cuisson filtrée. Portez à ébullition et laissez fondre le sucre à petits bouillons pendant 5 minutes. Hors du feu, ajoutez l'Amaretto et l'alcool pour fruits. Répartissez les châtaignes dans des bocaux stérilisés. Couvrez-les avec le sirop encore bien chaud, fermez et laissez reposer au moins un mois. Ces châtaignes peuvent se déguster telles quelles ou accompagnées d'une glace.

Couronne à la crème de marrons

Faites fondre le beurre. Dans un saladier, fouettez le beurre et la crème de marrons. Incorporez les oeufs et battez énergiquement le tout.
Beurrez un moule à couronne. Versez la préparation et mettez au four, préchauffé à 150°C, pendant 30 à 45 minutes. Laissez refroidir avant de démouler et de dévorer !

RÉCOLTE
DE SEPTEMBRE À OCTOBRE

Pour 8 personnes :

* 500 g de crème ou de confiture de marrons (voir p. 50)
* 90 g de beurre + 6 g pour le moule
* 4 gros œufs
* 2 pincées de sel

Gâteau aux glands et aux graines de sésame

Pour 6 personnes :

- 200 g de glands décortiqués
- 2 œufs
- 100 g de beurre (+ 10 g pour le moule)
- 200 g de sucre
- 40 g de farine de blé
- 1/2 citron bio
- 2 pincées de cannelle
- 4 g de levure
- 1 pincée de sel
- 1 c. à café rase de graines de sésame

RÉCOLTE DE SEPTEMBRE À OCTOBRE

Ramassez des glands en bon état. Décortiquez-les et, si besoin, supprimez leur amertume (voir p.51) Mixez-les jusqu'à obtenir la consistance d'une farine.

Faites fondre le beurre.

Fouettez les oeufs et le sucre jusqu'à ce qu'ils doublent de volume. Incorporez le beurre fondu et le sel. Mélangez avec les glands, la farine tamisée, la cannelle, les zestes de citron, la levure et le sésame.

Beurrez un petit moule à manqué. Versez la préparation et mettez au four, préchauffé à 180°C, pendant 20 à 30 minutes environ. La lame d'un couteau doit ressortir propre.

Laissez refroidir sur une grille et décorez avec quelques graines de sésame.

Fondants chocolatés aux châtaignes

RÉCOLTE DE SEPTEMBRE À OCTOBRE

Pour 6 personnes :

- 300 g de châtaignes pelées
- 25 cl de lait
- 100 g de sucre
- 60 g de beurre
- 150 g de chocolat noir
- 1 pincée de sel

Pour la couverture (facultative) :

- 50 g de chocolat noir
- Un peu de lait

Dans une casserole, faites cuire les châtaignes dans l'eau bouillante pendant 15 minutes. Sortez les châtaignes au fur et à mesure afin qu'elles restent chaudes pour les peler, les peaux s'enlèveront plus facilement.
Dans la casserole, faites cuire les châtaignes dans le lait, à feu doux et à couvert, pendant 15 à 20 minutes jusqu'à évaporation quasi complète du liquide. Ajoutez le sel, le sucre et le beurre. Hors du feu, ajoutez le chocolat coupé en morceaux et mélangez jusqu'à ce qu'il soit bien fondu.
Mixez très finement la préparation. Versez-la dans des moules individuels et réservez 4 heures au réfrigérateur.
Démoulez les fondants et servez-les bien frais.
Vous pouvez les accompagner d'un chocolat liquide chaud. Pour cela, faites fondre au bain-marie le chocolat noir et le lait.

Confiture de "gratte-culs"

RÉCOLTE
DE DÉCEMBRE
À FÉVRIER

Pour 3 pots de 15 cl :
- 1 kg de cynorhodons
- 1,5 l d'eau
- 250 g de sucre
- 1/2 citron

Cueillez les cynorhodons après les premières gelées car ils doivent être blets. Sinon mettez-les 2 heures au congélateur. Nettoyez-les et enlevez les deux extrémités.
Faites-les cuire dans l'eau, à feu doux, pendant 30 minutes. Passez les cynorrhodons et le liquide de cuisson au moulin à légumes avec la grille la plus fine puis au tamis afin de supprimer totalement les restes de peaux et de poils.
Pelez le mélange et ajoutez environ 200-250 g de sucre pour 500 g de liquide. Incorporez le jus d'un demi-citron et faites cuire à feu doux pendant 15 à 20 minutes jusqu'à obtenir la consistance souhaitée. Remplissez des pots stérilisés, fermez et laissez refroidir à l'envers.

Le cynorhodon ou « gratte-cul » est le faux fruit des rosiers sauvages appelés aussi églantiers. Les fruits sont en fait ce qu'on pense être les graines. Son gout acidulé et sa teneur en vitamine C, plus importante que l'orange, en font un bon allié pour combattre la fatigue et les rhumes pendant l'hiver.

Un grand merci à Alain Franchella et à toute son équipe pour leur confiance et leurs conseils précieux.

Merci à Claude pour la recette de la confiture de sureau, à Mireille pour le vin de pêche et à ma mère, Pilar, pour les pâtes à la menthe.

Merci à l'association Côté Jardins, jardin collectif où je cueille souvent des plantes sauvages et qui a servi de décor champêtre à certaines photos.

Merci, enfin, à Jean-Luc sans qui ce livre n'existerait pas.

LES CUISINIÈRES
Sobbollire
41, route du Velay
43220 Riotord

www.lescuisinieres.fr

Auteur : Nuria Pastor Martinez

Calligraphie : Sylvie Perrin, Lyon

Iconographie : Nuria Pastor Martinez

Impression : Birograf

Dépôt légal : Avril 2018

ISBN : 978-2-36842-091-1